8° Ln 27 21944

Marseille
1866

Jannet, Claudio

Hippolyte Flandrin, sa vie et son œuvre

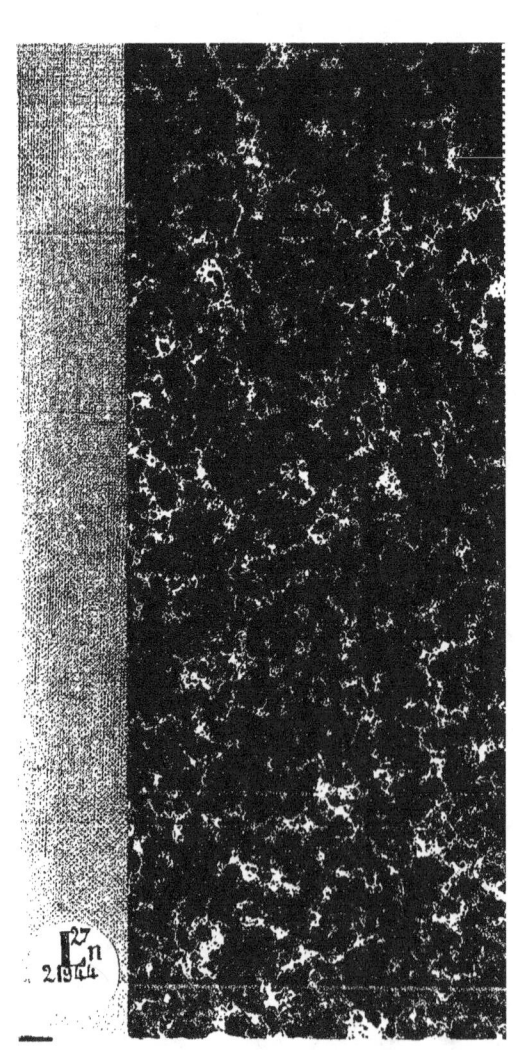

HIPPOLYTE FLANDRIN.

HIPPOLYTE FLANDRIN

SA VIE ET SON ŒUVRE

ÉTUDE
PAR
CLAUDIO JANNET

> L'architecte du monde est l'artiste par excellence ; plus l'homme reçoit de son esprit, plus il est capable et digne d'aspirer lui-même aux saintes fonctions de l'art.
> Le R. P. LACORDAIRE.

MARSEILLE
IMPRIMERIE Ve MARIUS OLIVE
rue Paradis, 68.

1866

A. M. G.

HIPPOLYTE FLANDRIN

SA VIE ET SON ŒUVRE.

Il y a déjà plus d'un an, Rome voyait mourir avant l'âge un grand artiste et un grand chrétien : Hippolyte Flandrin ; et sa dépouille mortelle, réclamée par la France à la terre où reposent Raphaël et le Poussin, venait demander des prières dans cette église de Saint-Germain-des-Prés, dont les murailles étaient pour lui la plus éloquente des oraisons funèbres.

De toutes parts se firent entendre les regrets les plus touchants ; ce n'était pas seulement le pieux souvenir des amis, ni les justes louanges des maîtres de la critique ; c'était encore un évêque, illustre par ses combats contre les ennemis de l'Eglise (1), qui demandait à son clergé d'appeler les miséricordes d'en haut sur l'âme du peintre dont la vie s'était usée à décorer la maison de Dieu ; c'était un prêtre à la parole pathétique (2), qui faisait vibrer tous les cœurs en ramenant aux pieds de Marie, reine des arts, la gloire du pieux artiste.

Aujourd'hui, la postérité a commencé pour Flandrin, et elle a consacré ce nom que, pendant sa vie, une modestie excessive, une humilité vraiment chrétienne, s'étaient efforcées de soustraire au bruit de la popularité. Tout récemment, l'Ecole des Beaux-Arts a ouvert ses portes à une exposition de ses ouvrages, qui n'était inspirée que par une pensée de charité pour l'Association des artistes, mais qui s'est trouvée être pour sa mémoire le plus glorieux triomphe. Ce n'était pourtant pas pour lui, comme pour Delacroix,

---

(1) Mgr Plantier, évêque de Nîmes.
(2) M. l'abbé Perreyve qui promettait à l'Eglise un digne successeur de Lacordaire et dont la perte récente vient d'affliger tous les catholiques. (*Discours prononcé à la Sorbonne, le 1er mai 1865*).

par exemple, une révélation. Les pages les plus importantes de son œuvre sont dans nos églises, offertes tous les jours à tous ; mais en réunissant ses tableaux et ses portraits, l'exposition a permis d'étudier sous toutes ses faces un talent qui, quoiqu'il soit chez nous le roi de la peinture monumentale, n'a pas laissé d'exceller dans des genres divers. Nous avons vu une foule émue et pieuse se presser autour de ces reliques maintenant dispersées sans retour. On saluait ces portraits, où Flandrin en retraçant ses traits semblait avoir voulu suivre pas à pas les ravages d'un travail opiniâtre et d'une pensée trop ardente ; tous à notre tour, nous avons revu ces toiles qui autrefois s'emparèrent si vivement de l'attention ; tous, nous nous sommes arrêtés avec attendrissement devant ces ébauches datées de Rome, sur lesquelles la mort est venue glacer la main du maître.

Cette exposition a surtout été un triomphe pour tous ceux qui ont de l'art un sentiment délicat et austère, j'allais dire jaloux. Dans l'œuvre de Flandrin, en effet, rien n'offusque les regards honnêtes, rien ne choque le goût. Il réunit, dans une admiration commune, les âmes tendres et les juges sévères ; car sous une forme savante il a été l'interprète des sentiments les plus purs et les plus élevés du cœur humain. Qu'importe après cela quelques voix discordantes dans la petite presse ! La chasteté de son pinceau est un reproche pour bien des gens ; de là leurs critiques, mais elles ne sont pour lui qu'un hommage.

En même temps, la publication de sa correspondance (1) nous a introduit dans le secret de sa vie. Nous n'y rechercherons pas cet intérêt de curiosité, qui s'attache à l'intimité des hommes célèbres, ni une valeur littéraire à laquelle ne peuvent prétendre des lettres écrites toutes pour la famille et l'amitié : ce que nous y retrouverons à chaque page, c'est l'expression toujours simple, mais fermement arrêtée des doctrines artistiques, qui ont fait la force du maître. Mieux que cela, cette correspondance est un puissant enseignement moral ; car elle nous apprend quels sentiments faisaient battre cette grande âme, à quelle source elle puisait ses inspirations. Disons-le à son hon-

---

(1) Lettres et pensées d'Hippolyte Flandrin, accompagnées de notes et précédées d'une *notice biographique* et d'un catalogue des œuvres du Maître, par le vicomte Henri Delaborde. Paris, Plon, 1865. 1 vol. grand in-8° avec portrait et fac-simile.

neur : la vie de Flandrin est une; chez lui l'homme et l'artiste sont inséparables et aussi dignes de respect l'un que l'autre. Nous ne les séparerons pas dans cette étude.

I.

Hippolyte Flandrin naquit à Lyon le 23 avril 1809, d'une famille où les traditions religieuses étaient héréditaires non moins que les goûts artistiques; sa mère jetait dans son âme les semences de piété, de respect et de désintéressement qui ont fait la grandeur de sa vie, en même temps que son père lui enseignait les premiers éléments de l'art. Autour de lui, son frère aîné, Auguste, et son plus jeune frère, Paul, s'essayaient dans la même voie, formant déjà à eux trois ce que plus tard il appelait d'une façon charmante : *le Flandrin tout entier*. Tout à Lyon sembla d'abord favoriser leurs penchants. Une école de dessin supérieurement organisée, un musée qui renferme des toiles d'élite, le contact de quelques artistes de mérite, enfin un goût général des arts résultant de la condition même de la fabrication lyonnaise, qui doit surtout sa supériorité à l'élégance du dessin. Cependant, la position de la famille était si précaire, que la mère insista longtemps pour qu'Hippolyte bornât son ambition à celle d'un habile dessinateur en soierie, et échangea pour un pain dès lors assuré les brillants mirages de l'avenir. Heureusement, un artiste, ami de la famille, M. Foyatier, devant qui s'étaient autrefois dressés les mêmes obstacles, se porta fort du talent d'Hippolyte et décida la mère, à laisser ses fils s'engager dans une carrière où lui-même avait trouvé la fortune et la renommée. Pendant qu'Auguste se livrait, pour un temps, exclusivement à la lithographie, Hippolyte et Paul, désormais inséparables, entraient dans l'atelier d'un sculpteur nommé Legendre-Héral et travaillaient à l'école Saint-Pierre. Au bout de quelques années, après avoir amassé un petit pécule sur le produit de lithographies et de dessins de rébus, les deux frères purent se mettre en route pour Paris, au mois d'avril 1829. La modicité de leurs ressources les contraignit à faire ce long voyage à pied, au milieu de souffrances de toute sorte, dont ils triomphèrent à force de courage, d'amitié fraternelle et de confiance en Dieu.

Mal recommandés, ignorants de toutes choses dans la grande ville, ils étaient sur le point d'entrer chez un peintre d'un mérite fort secondaire; mais la Providence, qui les voulait grands artistes, veilla sur eux et les conduisit dans l'atelier de M. Ingres, qui était déjà une des gloires de l'École française. On était au plus fort de la lutte entre les classiques et les romantiques; tandis que les uns s'immobilisaient dans le culte d'un idéal suranné et de convention, les autres, prétendant trouver leur seule règle dans leur fantaisie, faisaient consister tout l'art dans la recherche des effets. Également éloigné de ces excès, M. Ingres gardait une attitude réservée que M. Henri Delaborde a très-heureusement caractérisée (1): « Il s'agissait d'introduire à côté des œuvres et des questions en litige un progrès assez significatif, pour que personne n'en méconnût l'autorité, assez conforme néanmoins aux traditions du passé et aux aspirations présentes pour donner satisfaction à chacun.... par la conciliation des éléments en désaccord jusque là, en divorce complet dans notre école, — la stricte vraisemblance des types et la noblesse idéale du style. — M. Ingres avait à la fois fécondé la réforme jadis accomplie par David et consacré à sa manière quelques unes des inclinations de l'art moderne. Il avait réussi à tirer le beau pittoresque des profondeurs mêmes de la nature, comme à vivifier l'imitation de l'antique par l'accent de l'inspiration personnelle et du sentiment. Là est son originalité véritable, son mérite principal. »

À son talent, M. Ingres joignait des qualités d'homme qui ne tardèrent pas à lui attacher profondément le cœur reconnaissant des deux frères. Ce sentiment a rempli toute la vie d'Hippolyte, se liant en lui au culte du beau et à la religion du devoir. Nous en retrouverons plus d'une fois l'expression touchante; disons dès à présent, pour en donner la mesure, que, par respect pour son maître, il ne voulut jamais ouvrir d'atelier, alors cependant que les intérêts de l'art semblaient exiger impérieusement qu'il se fît à son tour chef d'école et arrachât les jeunes gens aux funestes influences du positivisme et du matérialisme. L'ascendant de M. Ingres sur ses élèves était immense; il le fut en particulier sur lui; mais loin de se servir de cet ascendant pour imposer sa personnalité à ses élèves, il l'employait uniquement à développer la leur: « Les œuvres de Flandrin, dit

(1) Notice biographique publiée en tête des *lettres et pensées*, p. 20.

M. Beulé (1), sont la preuve la plus sensible de la liberté qui régnait dans l'atelier de M. Ingres, car elles sont très-différentes de celles du maître et les sujets qu'ils ont traités tous deux sont presque opposés. L'un peignait au soleil de la Grèce en contemplant les formes idéales dont l'Olympe est peuplé, l'autre s'enfermait dans les églises pour les décorer avec une gravité monastique. Et cependant combien Flandrin fut soumis à une influence prolongée, puisque M. Ingres le rejoignit à Rome, en fit son ami et resta son guide! Mais tel est le rôle du véritable chef d'école ; en transmettant aux jeunes artistes ses principes, en leur imprimant la marque de son style, il démêle leurs instincts, il les développe, il rend plus puissante cette impulsion secrète de la nature qu'on appelle la vocation! »

Néanmoins, M. Ingres eut d'abord à redresser l'éducation artistique de Flandrin, à lui montrer à lui-même sa véritable voie au travers des idées fausses qui la lui cachaient. Le croirait-on jamais? Le futur peintre de saint Vincent-de-Paul avait été séduit par la renommée bruyante de Charlet, d'Horace Vernet et des autres peintres de batailles qui célébraient alors aux applaudissements de la foule les gloires du premier empire. Sous la direction affectueuse et ferme du maître qui incarnait son génie dans *l'apothéose d'Homère*, Flandrin ne tarda pas à entrevoir un idéal plus relevé, plus digne de lui, et dès lors, il souhaita de faire quelque chose qui, suivant ses expressions, fît honneur à l'art et aux doctrines de M. Ingres.

De ses premiers goûts, il ne lui resta qu'un sentiment très-vif de la gloire nationale et une affection toute particulière pour *nos bons petits soldats*, qu'à la fin de sa vie, il retrouvait encore avec bonheur, se pressant pieusement dans les églises de Rome. Et puis, aucun sentiment élevé ne lui était étranger! Il s'indignait au récit des malheurs de la Pologne, bien moindres cependant que ceux dont nous sommes aujourd'hui les spectateurs « Oh ? si ce n'était pas si loin, » disait-il à son frère ; et une autre fois : « Personne plus que moi n'aime la liberté et la preuve c'est que j'aime les Belges, c'est que j'admire les Polonais dont les actions sont si belles et si grandes.... Je fais chaque jour des vœux pour leur triomphe, mais des vœux ce n'est pas assez. Il leur faudrait des secours réels. Ne fera-t-on rien pour une nation qui a combattu, mêlée avec nos

(1) Éloge d'Hippolyte Flandrin, lu dans la séance publique de l'Académie des Beaux-Arts, le 19 novembre 1864.

soldats, pendant quinze ans, qui est tombée avec nous, qui n'a été partagée et asservie d'une manière aussi barbare, que parce que sa cause était liée à la nôtre? Un grand nombre murmure, mais le gouvernement va son train et laisse de côté ces clameurs (1). »

Bientôt il eut à gémir sur la France et à trembler pour les siens. Pendant la première partie du règne de Louis-Philippe, l'insurrection ensanglantait périodiquement les rues de Paris et de Lyon, et pour la réprimer il fallait constamment faire appel au dévouement des bons citoyens. Echappé à grand peine à la conscription, Flandrin fut requis pour le service de la garde nationale. Quelle épreuve pour le jeune artiste! Et cependant il avait le cœur assez haut pour en parler ainsi à son père : « Je suis inscrit sur les rôles de la garde nationale,..... ce dont je voudrais pouvoir me dispenser, c'est du service de la garde sédentaire, parce que les gardes, les exercices, tout cela fait perdre bien du temps. Ah! lorsqu'on appellera la garde mobile, ce sera une preuve que le cas est urgent. Tout le monde doit être content de contribuer à la défense et à la sûreté de son pays, et pour cet utile et honorable emploi on doit tout quitter (2). »

Les premières années de Flandrin à Paris furent très-rudes. Rien de touchant comme la vie des deux pauvres jeunes gens! Longtemps, ils durent s'occuper eux-mêmes des soins de leur ménage; durant les longs et rigoureux hivers, après avoir travaillé tout le jour, dès que la nuit tombait, ils se couchaient pour échapper au froid dans l'unique lit qu'ils possédaient; et là, ils veillaient, se lisant l'un à l'autre quelques livres destinés à leur donner une instruction littéraire qui avait complètement fait défaut à leur enfance. Déjà, dans le choix des lectures d'Hippolyte on devine les tendances de son mâle et pur génie. Ses auteurs favoris étaient les anciens : Homère, Plutarque, Virgile, et parmi les modernes, nos grands classiques du XVIIe siècle, les *Pensées* de Pascal entr'autres. Longtemps après, il en recommandait la lecture à son frère : « Travaille, élève ton esprit, pense au beau et au large, et si tu peux, lis. Je te le dirai toujours, on a besoin de renouveler, de retremper ses idées..... Homère, Plutarque, Tacite, Virgile, ceux-là inspirent le beau que nous aimons (3). » Mais les livres

(1) Lettre de mai 1831.
(2) Lettre du 15 avril 1831.
(3) Lettre du 18 septembre 1839.

saints étaient toujours l'aliment dont il se nourrissait avec prédilection, et c'est à eux qu'il a dû ces pages magistrales où l'intelligence des mystères et le sens religieux sont si profonds.

Il n'avait à peu près pour toutes ressources que quelques travaux obtenus à grand peine et mal rétribués. C'est à cette époque qu'il peignit pour trente francs le portrait d'un gendarme de la rue de Tournon, portrait si bien peint qu'il émerveilla toute la caserne et que Flandrin prétendait n'en avoir jamais fait de meilleur. Nous ne raconterons pas en détail cette charmante anecdote qui fait déjà partie de la légende du maître; il faut la lire dans la touchante notice que M. Poncet, son élève et son ami, a consacré à sa mémoire (1).

Aux privations qu'imposait aux deux frères leur état de gêne, se joignaient encore pour Hippolyte les souffrances d'une mauvaise santé, qui à chaque instant venaient l'arrêter et brisaient pour longtemps sa frêle constitution. Cependant il luttait toujours. Dures épreuves du génie, qui aujourd'hui sont, pour l'illustre mort, une auréole de plus, mais qui doivent servir d'aiguillon au travail à tous ceux pour qui la Providence a adouci les commencements!

C'est dans sa foi et dans son attachement pour sa famille que Flandrin trouvait la force de surmonter des difficultés devant lesquelles tant d'autres auraient reculé. On ne saurait trop redire la touchante affection qui a uni, qui a mélangé l'âme des deux frères. Et pour ses parents, quelle vénération, quelle tendresse courageuse! Chaque année, après le jugement des concours de l'Ecole des Beaux-Arts, ils faisaient, le sac sur le dos, le trajet de Paris à Lyon, pour se donner la joie de quelques semaines passées auprès d'eux. La Religion et la famille, nul n'a senti plus vivement et n'a mieux dit l'alliance de ces deux grandes choses! En 1836, au fond de l'Italie, il jetait ces lignes sur un feuillet du livre de messe que lui avait donné sa mère : « La Religion est pour les hommes le frein le plus fort ; elle est aussi entre eux le lien le plus doux. Quelle admirable union ne met-elle pas dans la famille! » A la même époque, à Rome, il inscrivait sur les murs de son atelier, ces paroles de Jérémie, que depuis il aimait à répéter : « Seigneur, vous m'avez inondé de joie par le spec-

(1) Hippolyte Flandrin. — Esquisse.

tacle de vos ouvrages, et je serai heureux en chantant les œuvres de vos mains. » Pour lui, servir l'art était servir Dieu : de là le respect avec lequel il abordait ses compositions religieuses, de là, leur onction pénétrante. Tout en lui grandissait de pair, et dans ses lettres on sent sa piété devenir plus ardente à chaque nouveau chef-d'œuvre qu'il produisait. Aussi, quand on jette un regard d'ensemble sur cette vie, qui, malgré les épreuves du commencement et ces inévitables souffrances de toute âme supérieure, — le tourment de l'idéal, le perpétuel mécontentement de soi-même, les séparations d'avec tout ce qui est cher, — quand dis-je, on jette un regard d'ensemble sur cette vie, qui a été heureuse, autant qu'une vie humaine peut l'être, il est bien permis d'y voir la récompense, dès ici-bas, d'une droiture d'intentions et d'un sentiment du devoir qui ont été rarement portés à ce point.

A Paris, Flandrin se préparait à concourir pour les grands prix de Rome. Il se présenta une première fois en 1831 et ne réussit pas; laissons-le raconter lui-même cet insuccès (1) : « Le sujet était une figure peinte de trois pieds de haut, je l'ai faite et hier c'était le jour du jugement, j'étais content de moi, je pouvais espérer, mais tu vas voir. M. Ingres, M. Granet, M. Guérin, et trois autres membres de l'Institut, en entrant dans la salle d'exposition veulent que je sois reçu le premier. Non : M. Gros et sa bande l'ont emporté ; j'ai été balloté du premier numéro au dernier. Enfin, M. Ingres désespéré s'en est allé après avoir protesté de toutes ses forces contre ce qui s'est fait dans cette séance, et je n'ai pas été reçu. Figure-toi, hier quand j'ai appris ça, c'est-à-dire, quand j'ai appris que j'étais exclu, sans connaître les circonstances du jugement ! Je n'osais pas retourner chez M. Ingres, cependant je ne me reprochais rien, ma figure était de beaucoup la meilleure, je puis le dire sans orgueil ; enfin, le soir, je me suis décidé à y aller. Je le trouvais à table, mais il ne mangeait pas; plusieurs membres de l'Institut, entr'autres M. Guérin, étaient venus pour qu'il fût consolé, mais il était loin de l'être. Il me reçut en disant : « *Voilà l'agneau qu'ils ont égorgé!* » Puis en parlant à sa femme qui cherchait à le calmer : « Oh! tu ne sais pas combien l'injustice est cruelle et amère pour le cœur d'un jeune homme ! » Et tout cela avec l'accent d'un cœur si profondément touché,

(1. Lettre du 30 mai 1831)

que les larmes me roulaient dans les yeux. Il m'a fait asseoir à sa table, dîner, enfin, il m'a embrassé comme un père embrasse son fils. Je suis sorti et j'étais consolé. »

Le concours de 1832, s'ouvrit pour Flandrin dans les conditions les plus défavorables. Déjà épuisé par des souffrances de toute sorte, il fut saisi dans sa loge par le choléra et put à peine finir sa composition. *Thésée reconnu par son père dans un festin* était le sujet à traiter. Son tableau, intéressant surtout comme point de départ, est déjà remarquable par la vérité des attitudes, la noblesse du style et la sage ordonnance de la scène. A peine exposé il conquit les suffrages du public, et la cabale des ennemis de M. Ingres dut céder devant un mérite désormais incontestable.

Au mois de janvier 1833, il était installé à Rome, à l'Académie de France, cette magnifique création de Colbert, compromise de nos jours par d'imprudentes réformes, et à la défense de laquelle il devait consacrer ses derniers souffles de vie.

Parmi les grands prix de son année se trouvait M. Ambroise Thomas, le futur auteur du *Caïd* et du *Songe d'une nuit d'été*. Ils se révélèrent l'un à l'autre les beautés de leur art; c'est à lui que Flandrin dut ce goût pur et passionné pour la musique, qu'il garda toujours, et où, comme il le disait si bien : « il trouvait un remède contre ces fréquents découragements qui tuent et nous enlèvent une bonne part de notre vie. » Mais surtout leurs cœurs s'unirent de la façon la plus étroite. Il ne l'appelait jamais que *son cher Thomas*, et les lettres qu'il lui a adressées sont peut-être les meilleures du recueil.

Un an après, son frère Paul obtenait le premier grand prix de paysage et le rejoignait à la *Villa Medici*. Là, délivré de tout soin matériel et n'ayant encore aucune lutte à soutenir, entouré par l'amitié et comme dans le sanctuaire du beau, Flandrin passa quelques années, que plus tard il se plaisait à dire les plus heureuses de son existence.

A son arrivée, l'Académie était dirigée par M. Horace Vernet, auprès duquel il trouva, sans aucune rancune d'école, le plus bienveillant accueil. Au bout de deux ans M. Ingres le remplaçait. Qu'on juge de la joie des deux frères! Patroné par de tels maîtres, Hippolyte put voir dans les salons de la direction ces illustrations de tous les pays, qu'attire constamment à Rome comme le sentiment d'une patrie commune. Contact fécond et dont il sut profiter !

Rome et l'Italie sont à elles seules une révélation : *alma parens rerum !* Le mot du poète sera éternellement vrai. Nul plus que Flandrin ne s'est échauffé au grand soleil de l'Italie, nul surtout n'a mieux compris les harmonies de la ville éternelle :

« Rome, écrivait-il, renferme tout ce qu'il faut pour rendre un artiste heureux : beau ciel, beau pays, belle nature d'hommes, monuments magnifiques ornés des plus admirables peintures et sculptures..... Ma chambre donne sur les jardins. Entre les têtes des groupes de lauriers, et au-dessus j'aperçois les beaux pins de la villa Borghese, des échappées de la plaine, et dominant tout cela, les belles montagnes de la Sabine couvertes de neige. C'est d'une tranquillité, d'une fraîcheur extraordinaires. Ce soir, au moment où je vous écris, le ciel est brillant d'étoiles. Je n'entends que le bruit du jet d'eau qui retombe dans son bassin, le cri monotone et triste de l'oiseau du Luxembourg, et de temps en temps une cloche éloignée qui sonne les heures. Aucun bruit ne rappelle la ville. Tout est calme, silencieux et beau ; on peut penser et rêver à son aise (1). »

Rome ne serait pas ce qu'elle est sans l'admirable campagne qui l'entoure. Flandrin se délassait de ses travaux en la parcourant ; il la décrivait avec enthousiasme dans ses lettres ; plus tard, il devait la reproduire dans le fond de ses tableaux ; mais surtout il puisait au sein de cette puissante nature les qualités de force et de chaleur qui naturellement lui faisaient défaut.

Les chefs-d'œuvre de la renaissance, Raphaël entre tous, furent l'objet constant de ses études, et il leur voua dès lors cette admiration, qui explique si bien le caractère de ses propres œuvres. Sûr de lui et peu pressé de produire, il disait avec un rare bon sens : « Je crois être venu à Rome moins pour faire des tableaux que pour me mettre en état d'en faire. » Aussi, copiait-il sans cesse les maîtres aimés. C'est à ce travail fécond qu'il dut les rapides progrès qu'on remarque dans ses tableaux d'envoi, dont quelques-uns figurent encore au premier rang dans son œuvre. L'exemple de Flandrin, s'il en était besoin, serait la meil-

1) Lettres de février et d'avril 1833.

leure preuve de ce que peut, sur un artiste, le séjour de Rome. Quand au bout de ses cinq années, il dut quitter l'Académie, déjà il était un maître.

Mais revenons à ses tableaux d'envoi.

II.

Il débuta par une œuvre hardie, — *Polytès, fils de Priam assis sur un cippe et regardant s'avancer l'armée des Grecs,* — tout nu, en pleine lumière, sans aucun effet de clair obscur qui fasse ressortir le modelé. *Les Bergers de Virgile,* petit tableau de chevalet, d'un coloris exquis et d'une vérité naïve d'attitudes, complétaient son premier envoi.

L'année suivante, il abordait la grande peinture avec son *Dante.* Sur les flancs abruptes d'une montagne, les envieux gémissent, les yeux fermés à la lumière. Dante se penche vers eux avec une tendre commisération, tandis qu'à côté, Virgile conserve une sérénité radieuse et surhumaine. — Une scène de Dante, c'est presque de la peinture religieuse. Néanmoins, il fit encore deux puissantes études de nu dans l'*Euripide composant ses tragédies,* et surtout dans le *jeune Grec assis sur un rocher au bord de la mer.* Cette dernière figure réunit à une harmonieuse pureté de lignes un splendide coloris, dont les teintes chaudes sont bien celles que le soleil du soir laisse en se retirant sur la mer Tyrrhénienne.

Désormais arrivé à la plénitude de ses forces, et maître de son instrument, Flandrin pouvait entrer résolument, dans sa voie propre, et il le fit dès sa troisième année, avec *le Saint-Clair guérissant les aveugles.* Le style de cette toile est beau et l'expression en est profondément religieuse ; malheureusement, il y a dans la composition une froideur désespérante qui l'empêche, malgré ses qualités sérieuses, de laisser une impression, et de rester gravée dans la pensée.

Sous ce dernier rapport, il y a un immense progrès dans

le *Jésus et les petits enfants*. Le moment de la scène, est celui où, le divin Sauveur, réprimant le zèle indiscret des apôtres, fait entendre ces paroles étonnantes : « Le royaume des cieux est fait pour ceux qui leur ressemblent. » On voit sur son visage un mélange singulier de douceur et d'autorité qui, sans rien enlever de sa beauté à cette idéale figure, ne peut laisser aucun doute sur son caractère surnaturel. C'est là un type de Christ qui n'a rien de commun avec ceux des maîtres antérieurs, et dont Flandrin est le véritable créateur. De jeunes enfants, entièrement nus, se pressent autour de lui avec la tendresse naïve de leur âge. Deux femmes, richement drapées, se précipitent à ses pieds avec un mouvement du plus grand effet. Avec une foi aussi vive, mais dans une attitude bien différente, une autre jeune femme, misérablement vêtue se tient debout, écartée par les plus empressés ; elle pousse sa fille en avant ; un apôtre l'arrête tandis que la pauvre enfant tend les bras vers le Sauveur avec un regard plein de larmes ; rien de touchant comme l'humilité de cette femme du peuple, à qui Flandrin, par une délicatesse, que comprendront les cœurs chrétiens, a refusé jusqu'au prestige de la beauté. Au troisième plan, sont des laveuses ; plus loin, une ville s'élève en amphithéâtre. Ce fond banal et qui n'a rien de réel sent encore l'école, mais c'est la seule tache qu'on découvre dans une œuvre qui a justement commencé la renommée de Flandrin.

Il revenait alors de Rome. Même avant de figurer au salon, ce tableau attira sur lui l'attention. Ary Scheffer, par une démarche qui l'honore au moins autant que celui qui en était l'objet, se rendit dans l'atelier du jeune peintre, et là, il laissa échapper ces paroles qu'on ne saurait trop remarquer : « Que ne m'est-il donné de suivre, avec la même certitude que vous, la voie où vous marchez? Que n'ai-je reçu, comme vous, les leçons de M. Ingres, ces leçons, auxquelles il n'est plus temps, pour moi, de recourir? Vous pouvez exprimer à souhait ce que vous sentez ; vous savez, vous ; et je ne sais pas ! Mes tableaux n'arrivent qu'à laisser entrevoir des intentions et n'affirment rien ; c'est ce que le vôtre me prouve bien par le contraste. (1) »

Le public salua, lui aussi, le peintre *du Jésus et des*

---

(1) Cité par M. H. Delaborde, *Notice biographique sur Flandrin*.

petits enfants avec la faveur qui s'attache à l'aurore du talent. L'administration elle-même se montra bienveillante, mais bienveillante à sa manière ; c'est-à-dire qu'elle acheta son tableau au prix de 3,000 fr., sans daigner même le consulter, et après avoir hésité longtemps en faveur de Fécamp, en gratifia la bonne ville de Lizieux, qui, paraît-il, envoyait à la Chambre, des députés modèles, mais qui, en fait d'art, était moins bien inspirée. Le *Jésus et les petits enfants* faillit périr par suite de son incurie. Quand, en 1855, Flandrin voulut le réexposer, il fut obligé de le restaurer complètement. Il est vrai, que depuis que leur tableau a fait le voyage de Paris, les habitants de Lizieux l'estiment bien haut et en ont tout le soin convenable.

Dès ce moment, Flandrin avait pris rang ; et en 1840, l'administration municipale de Paris lui confia la chapelle de saint Jean dans l'église Saint-Séverin.

Des quatre compositions qu'il y a peintes, la plus célèbre est la *Cène*, sujet redoutable, et où cependant, il n'a pas été écrasé par le souvenir de Giotto et de Léonard. Il a saisi le moment où le Sauveur annonce à ses disciples qu'un d'eux le trahira : Judas disparaît dans l'ombre, les apôtres tressaillent d'étonnement et d'horreur, saint Pierre interroge son maître du regard, prêt à s'élancer sur le traître, tandis que saint Jean, accablé par la douleur et par le respect des volontés éternelles, laisse retomber sa tête sur la poitrine de Jésus avec un abandon sublime. Il est difficile d'imaginer une composition plus dramatique, et cela avec la plus grande sobriété de mouvements.

Dans le *Supplice de saint Jean*, on remarque surtout un homme placé au premier plan, dont la stupeur se traduit par un de ces gestes superbes, dont Flandrin a possédé le secret mieux que les maîtres les plus illustres.

Au dessus de la *Cène*, dans la partie supérieure de l'ogive est représentée la *Vocation des apôtres*. Sur un signe de Jésus, saint Jean et son frère sortent de leur barque, où un vieillard demeure tout en pleurs. Ces trois figures, placées sur la même ligne, entraînées par le même mouvement sont d'une éloquence saisissante, précisément à cause de leur simplicité. En face, un chérubin dicte l'apocalypse à saint Jean sur le rocher de Pathmos. Quoi qu'on puisse reprocher à ces peintures un coloris terne et un dessin assez lourd qui en rendent l'effet général peu agréable, elles n'en révèlent pas moins toutes les aptitudes de Flandrin pour la grande peinture religieuse.

Cependant, immédiatement après nous l'en trouvons bien loin. M. le duc de Luynes qui continue, au milieu de nous, les meilleures traditions des grands seigneurs du XVII° siècle en y joignant le goût d'un savant éminent, faisait décorer son château de Dampierre par les premiers artistes du temps. Flandrin y travailla à côté de M. Ingres et y peignit trente-six figures allégoriques soutenant des médaillons sculptés par M. Simart. Autant que nous avons pu en juger par les cartons qui ont été exposés à l'Ecole des Beaux-Arts et qui représentaient les neuf Muses, ces compositions réunissent à la beauté du style une grâce chaste, qui fait penser au peintre de saint Bruno, retraçant la naissance de l'amour, sur les plafonds de l'hôtel Lambert.

Ici, nous renonçons à suivre les travaux de Flandrin dans leur ordre chronologique ; il y a plus d'intérêt à les grouper selon le genre auquel ils appartiennent.

La peinture allégorique semblait être complètement en dehors des habitudes d'esprit de Flandrin ; néanmoins il l'a encore abordée à plusieurs reprises. En 1854, il peignit au Conservatoire des Arts et Métiers deux grandes figures de l'*Industrie* et de l'*Agriculture*. L'année suivante, c'était quatre camaïeux destinés à être reproduits en porcelaine de Sèvres, pour le berceau du prince impérial. La *Vérité*, la *Vigilance*, la *Justice*, la *Force*, voilà les thèmes usés et rebattus que Flandrin a réussi à rajeunir et à rendre vivants, sans cependant ôter à la composition rien de sa clarté. Ainsi, la Justice est représentée sous les traits d'une femme à demi-couchée dans un repos calme et puissant; un enfant poursuivi par un hydre se réfugie dans ses bras; d'un regard elle arrête le monstre et le force à reculer. On retrouve dans les autres sujets, la même originalité, le même intérêt poétique ; et les délicatesses de la miniature n'y font rien perdre au style de sa fermeté.

De l'allégorie à la peinture officielle il n'y a qu'un pas; elle est aussi représentée dans son œuvre par un *Napoléon législateur*, peint pour le Conseil d'Etat. Tout en acceptant franchement les conditions du genre, Flandrin a su faire dominer l'expression là où la pompe des costumes officiels et le luxe des accessoires l'étouffent d'ordinaire. On en rapproche presqu'involontairement le *Justinien* de Delacroix ; mais nous nous en abstiendrons d'autant mieux que l'opposition du talent des deux maîtres, fait heureusement ressortir la différence du caractère des deux législateurs.

Saint Louis a deux fois occupé le pinceau de Flandrin. Dans une toile destinée au Palais-du-Luxembourg, il l'a représenté dictant ses établissements. La composition est large, les effets de lumière puissants. Chevaliers et moines sont traités avec vigueur ; seul, le saint roi manque complètement de relief, alors que tout l'effort de l'artiste aurait dû se concentrer sur lui ; sous ce rapport, le *saint Louis prenant la croix* répond bien mieux à l'idée que s'en fait tout Français et tout chrétien. Malheureusement, ce n'est qu'un carton de vitrail dénué de tous les prestiges de la couleur ; le dessin seul indique ce que le maître eut pu faire.

La *Mater dolorosa* a été inspirée par ces paroles de Jérémie : « O vous tous qui passez sur ce chemin, considérez et voyez s'il est une douleur semblable à la mienne ! » Flandrin est à la hauteur du prophète. La mère désolée est debout, seule avec son immense douleur, au pied de la croix le long de laquelle ne pend plus qu'un linceul vide. Quelle tendre pitié, quelle élévation du sentiment religieux, mais aussi quelle science consommée ! Point de ces mouvements violents, qui n'atteignent à un pathétique théâtral, qu'au dépens de la dignité des attitudes et de la vérité morale ; tout est dans l'expression, dans le regard, dans ces clous et cette couronne d'épines que la Mère divine semble offrir, avec ses douleurs, à la vénération des chrétiens. Du reste, le cœur d'une mère a rendu témoignage à Flandrin; en 1845, trois ans après la mort du duc d'Orléans, la reine Marie-Amélie tomba évanouie devant cette image, la plus saisissante que l'art ait jamais produite de la plus touchante des réalités. — Ce beau tableau est enfoui dans une chapelle mortuaire près de Toulouse ; le public l'avait oublié, mais à l'exposition, c'a été certainement une des toiles les plus admirées.

Voilà à peu près les seuls tableaux qu'ait laissés Flandrin. Désormais, nous allons le suivre sous les voûtes des églises, où il a passé la plus grande et la meilleure partie de sa vie. L'hiver, dans les jours sombres, quand la lumière lui faisait défaut, il quittait ses échaffaudages, et alors il faisait ces portraits, dont quelques-uns ont eu tant de retentissement. Ils ont figuré à peu près dans tous les salons depuis 1840, et ce sont les seules œuvres par lesquelles s'il

soit resté en communication avec le public des expositions.
De plus en plus, il vécut loin de la foule, dans les régions supérieures de l'art et de la prière

III.

Saint-Paul à Nîmes, Ainay à Lyon, Saint-Vincent-de-Paul et Saint-Germain-des-Prés à Paris, représentent à peu près tous les genres d'architecture religieuse. Flandrin a su toujours subordonner ses compositions à la décoration générale avec une rare franchise, et chaque fois son talent est sorti victorieux des difficultés que lui offraient de nouvelles combinaisons de voûtes.

Saint Paul de Nîmes, est une église toute moderne, mais digne des vieilles basiliques byzantines sur le modèle desquelles elle a été élevée (1). Ses trois absides au fond d'or sont inondées de lumière et si bien proportionnées que l'œil n'y perd rien des peintures qui les décorent. Celle du centre est comme remplie par un Christ bénisssant le monde. Sa grandeur colossale, suivant la tradition des Byzantins, marque sa divinité sans lui enlever son expression suave. Saint Pierre et saint Paul se tiennent debout à ses côtés ; un roi et un esclave déposent aux pieds de son trône, l'un ses fers, l'autre sa couronne. — Les murailles de la partie du chœur qui conduit à l'abside sont couvertes de trois séries superposées de peintures représentant les évangélistes, des archanges, des docteurs des Eglises grecque et latine.

Sur une des absides latérales, Flandrin a représenté le *Ravissement de saint Paul* et a su être original après le Dominicain et le Poussin. Le saint est enlevé au ciel sans que son corps indique le moindre mouvement naturel : la grâce seule l'attire, et ce puissant amour qui déborde dans l'expression de ses traits; deux anges demeurés sur la terre le contemplent.

De l'autre côté, est le *Couronnement de la sainte Vierge* ; Un sentiment délicat des convenances, lui commandait de respecter jusqu'à la forme dans laquelle les artistes du moyen-âge ont rendu cette idéale conception. C'est la même attitude, ce sont les mêmes intentions que chez Fra-

---

(1) Elle a été construite par M. Revoil.

Angelico. Là, où il a dû s'en écarter, l'art n'a rien perdu ; car il semble que la silencieuse solitude de l'abside de Nîmes ajoute encore à ce mystère ineffable quelque chose que ne sauraient lui donner les splendeurs de la Cour céleste, au milieu desquelles une tradition constante le plaçait.

Sur les murailles qui conduisent aux absides latérales, Flandrin a, pour la première fois, essayé ces processions de saints qui, à Saint-Vincent-de-Paul devaient produire un si grand effet ; du côté du *Ravissement de saint Paul* sont les martyrs ; de l'autre côté, les vierges qui sont là, ainsi que le dit Mgr., Plantier (1), comme pour faire » hommage à leur reine. C'est une guirlande de lis sans tache et de roses immaculées ; tout en elles, leur attitude, la douce limpidité de leur regard, la séraphique expression de leur visage, la noble sévérité du manteau qui les couvre, tout annonce des âmes qui à force d'être pures, ont spiritualisé leurs organes et n'ont gardé de leur enveloppe matérielle que juste ce qui est nécessaire pour qu'elles ne soient pas invisibles. C'est toute la candeur du grand artiste de Fiésole, avec un dessin plus correct et l'empreinte de cette beauté complète, de cette perfection achevée, dont Dieu, le peintre suprême, a marqué toutes ses œuvres. Voir ces anges terrestres, ces chastes épouses de l'agneau divin, c'est voir l'âme même de celui qui nous en a tracé le tableau ; elle était transparente comme l'eau du plus irréprochable diamant, comme le cristal de la plus pure fontaine. » L'église de Nîmes en garde une des plus pieuses inspirations. Dans un pli de la draperie du Christ, sur le cœur, Flandrin a inscrit les noms de sa mère, de sa femme, de ses frères, de tous ceux qui lui étaient chers ; à cette hauteur, nul œil humain ne peut les apercevoir, et ce n'est qu'après sa mort que son collaborateur a pu révéler ce secret de ses tendresses et de sa foi.

La frise de Saint-Vincent-de-Paul a déjà reçu le glorieux surnom de *Panathénées chrétiennes*. C'est l'œuvre qui a fait la popularité de Flandrin, celle avec laquelle il se présente à la postérité, comme Raphaël avec les loges. Un habile architecte, M. Hittorf avait merveilleusement dis-

---

(1) Lettre circulaire de l'évêque de Nîmes, invitant le clergé de son diocèse à prier pour l'âme d'Hyppolite Flandrin, Nîmes, 26 mars 1864.

posé cette frise (1) pour qu'un puissant effet d'ensemble répondît aux pensées du peintre : Flandrin en a admirablement tiré parti.

A l'entrée de l'église, au-dessous du buffet de l'orgue, saint Pierre et saint Paul prêchent l'Évangile aux Gentils. Le premier s'adresse aux occidentaux et voit s'incliner devant lui les aigles romaines et les signes sauvages des peuples de la Germanie. Le second prêche la parole divine aux Grecs, aux Scythes et à ces fils des antiques races de l'Orient qui, contemporaines du monde, gardent l'empreinte d'une immobile majesté. Des deux côtés ce sont des artisans, de pauvres paysans qui se pressent à leurs pieds avec le plus de foi, et le plus de ferveur. Flandrin s'était d'abord arrêté à une première pensée. Sur ses esquisses on voit d'un côté *la Foi*, qui enseigne le philosophe soucieux et le simple de cœur, de l'autre, *la Charité* qui attire à elle une cohorte ardente de jeunes gens et de jeunes filles, au centre, *l'Espérance* qui montre le ciel à toutes les infirmités humaines, à la vieillesse et au repentir, à la femme et à l'esclave. Quelque belle que fût cette conception, il n'a pas hésité à en faire le sacrifice pour donner à l'ensemble plus de vérité et plus d'unité.

De la *Prédication des apôtres* sortent deux litanies de saints, qui se dirigent parallèlement, d'un côté les hommes, de l'autre les femmes, vers le ciel que figure le chœur. Ils marchent calmes et austères, déjà supérieurs aux agitations de la terre et n'ayant plus conservé d'elle que les cilices et les instruments de leurs luttes, devenus maintenant les trophées de leur triomphe. C'est la paix, la plénitude de l'amour divin qui resplendit sur leurs visages. Quelques-uns cependant crient vers le Seigneur et apparaissent tels qu'ils furent dans un de ces moments sublimes où toute une vie se ramasse et se résume. C'a été le grand talent de Flandrin de ménager à chaque figure son expression propre au milieu d'un mouvement général, dont la simplicité grandiose est si saisissante. La difficulté était d'autant plus sérieuse, qu'étant peintes par grandes masses sur un fond d'or, il ne pouvait compter sur des effets de clair obscur pour leur donner du relief. Il y a sup-

---

(1) On peut seulement reprocher à la frise de saint Vincent-de-Paul son peu de hauteur. Flandrin n'a pas pu donner à ses figures la grandeur nécessaire, pour qu'on en saisît toute la valeur du bas de l'église. Si on veut les apprécier pleinement, il faut monter dans les galeries supérieures

pléé à force d'habileté. L'immense longueur de la frise ne lui permettant pas, comme à Nîmes, d'isoler les saints, de les placer à égale distance les uns des autres, il les a disposés en chœurs, suivant leurs affinités morales. Les artistes ne sauraient trop étudier la science qui a présidé à la disposition de chaque groupe, et qui, de loin en loin amène quelques personnages resplendissants de lumière pour trancher, par leur éclat, sur des teintes jamais uniformes, mais toujours sobres.

Du côté droit, au chœur imposant des apôtres succède celui des martyrs. Saint Etienne conduit leur troupe généreuse et par son geste et son regard semble offrir à Dieu les prémices de tout le sang qui va être répandu. A côté de saint Cyr, jeune enfant, qui élève sa palme pour lui faire atteindre la hauteur de celles des autres saints, s'avance le groupe des guerriers où brillent, entre tous, saint Maurice et saint Georges. Le chœur est fermé par saint Christophe; ce géant farouche dont la force et la fierté succombent sous le poids mystérieux du divin enfant, est certainement une des figures les plus originales de toute la composition.

Au milieu des confesseurs, l'attention se concentre presque exclusivement sur saint Jérôme, s'appuyant sur un lion, type superbe d'énergie et tout empreint de la majesté du désert. Par un sentiment touchant, Flandrin a voulu donner à son maître bien aimé, une place dans ce ciel qu'il peuplait; et il a fait figurer M. Ingres, dans le groupe des docteurs, sous le costume de saint Léon-le-Grand.

Les deux derniers chœurs de la litanie des hommes sont peut-être les plus remarquables. Saint Joseph, tenant d'une main le lis de la pureté, de l'autre les outils de son humble métier; saint Marin, portant sa colonne, s'élèvent avec vigueur sur le fond d'or. Saint François d'Assise se détache du groupe des fondateurs d'ordres; il montre au Seigneur les stigmates de ses mains, et son corps amaigri, presque diaphane, semble s'élancer hors de la frise pour voler à travers l'espace.

Mais nulle figure ne produit un effet aussi saisissant que Charlemagne. Le grand empereur porte fièrement l'épée et le globe du monde; c'est bien le restituteur du patrimoine de saint Pierre et la vivante personnification d'une grande idée, l'union du sacerdoce et de l'empire. On pénètre encore mieux cette pensée, quand à côté de lui on porte ses regards sur saint Henri; lui aussi est un roi du nord, à la longue chevelure et à la haute stature, mais il est doux et humble de cœur, et sous ses insignes royaux éclate l'austérité du chrétien. A la douceur angélique de ses traits, on voit bien que le vaillant guerrier est du nombre ces hommes pacifiques à qui le royaume du ciel a été promis.

La litanie des femmes est encore plus dramatique ; Flandrin y a épanché toute la poésie de son âme.

Les vierges martyres sont les plus proches du sanctuaire ; c'est sainte Thècle, — sainte Agnès, cette ravissante figure, qui a inspiré des pages si touchantes à l'illustre auteur de *Fabiola*, — sainte Ursule et ses compagnes tombant à genoux.

Puis viennent les saintes femmes : sainte Elisabeth, tenant par la main le Précurseur encore enfant ; sainte Félicité offrant à Dieu ses sept fils tous martyrs ; dans ces jeunes enfants, Flandrin a déployé une puissance et une délicatesse étonnantes, c'est le *Salvete flores martyrum* de la peinture. En arrière du chœur, se détache sainte Zite, l'humble servante, portant une cruche d'eau, — figure pleine de douceur et de grâce modeste, qui laisse au cœur une impression profonde.

Avec le chœur des pénitentes l'œuvre de Flandrin atteint des proportions épiques, sans qu'elle perde rien pour cela de sa pureté et de sa sévérité. Il y avait cependant une manière de traiter ce sujet bien tentante. Quel contraste que de transporter au milieu du ciel à travers les austérités de la pénitence je ne sais quel terrible ressouvenir des fougueuses passions de la terre ! C'est ainsi que Chateaubriand avait compris la vie de Rancé ; mais Flandrin respectait la maison de Dieu plus encore qu'il n'aimait son art. Au reste, l'art n'a en rien souffert de ses nobles scrupules. Jamais son pinceau n'a été plus suave. De leur passé, les saintes pénitentes n'ont gardé que les immenses repentirs ; sur leur front brille toute la pureté que peuvent rendre les flammes de l'amour divin, et suivant la grande parole de saint Jean-Chrysotôme : « Le saint n'a pas été souillé au contact des faiblesses humaines, c'est lui qui les a purifiées. » La marche est ouverte par sainte Madeleine, sublime de douleur ; puis viennent sainte Marie l'égyptienne, sombre comme le sphinx, sainte Pélagie et sainte Thaïs, se dépouillant de leurs ornements profanes ; enfin sainte Aglaé, plus calme et offrant à Dieu le coffre où reposent, maintenant consacrés par le martyre, les ossements de celui qui pendant sa vie lui fut trop cher.

Après ces pages émouvantes l'âme se repose doucement sur le chœur des saints ménages. Eux aussi, ils marchent vers le Seigneur entourés de leurs enfants, l'époux soutenant l'épouse, l'épouse encourageant l'époux, tous, unissant dans un admirable mélange les sentiments humains et les sentiments surnaturels. Et puis quelles nuances heureuses! quels contrastes discrètement indiqués, depuis saint Eustache et sa femme fixant le ciel d'un regard d'indéfectible espérance, jusqu'à saint Adrien et sainte Natalie, qui plus jeunes et plus doux, s'appuient l'un sur l'autre pour rendre plus léger le poids de leurs chaînes. Saint Isidore le laboureur, saint Elzéar et sainte Delphine, ces deux fleurs virginales de la Provence ferment le chœur et avec lui la litanie toute entière, comme ces concerts harmonieux des orgues qui s'évanouissent et expirent dans un chant tout d'amour et de calme.

A l'entrée du sanctuaire, des anges attendent les saints et élèvent au-dessus de leurs têtes les couronnes immortelles. Leur visage austère n'a rien de ces grâces un peu efféminées que les peintres leur ont données. Flandrin a créé un type d'ange à lui, type mystérieux et qui répond bien aux données chrétiennes. On le voit à Saint-Paul de Nîmes, à Saint-Germain-des-Prés; on le retrouve encore à Saint-Vincent-de-Paul dans la longue série de bustes qu'il a peints sur la corniche supérieure.

Pourquoi faut-il que les peintures du chœur soient d'une autre main, et forment un tel contraste avec celles de la nef? On n'en saurait accuser que la délicatesse de Flandrin. La tâche de décorer l'église entière avait été primitivement confiée à M. Picot. Quant elle lui eût été retirée à la suite des évènements de 1848, Flandrin ne voulut jamais l'accepter qu'à la condition de la partager avec son confrère; malheureusement l'art a beaucoup perdu à cette combinaison, et la gloire de M. Picot y a peu gagné.

Lyon cependant, se souvenait avec fierté que Flandrin était son fils. En 1855, le conseil municipal lui demanda de peindre les absides de la célèbre église d'Ainay. Elevée au confluent de la Saône et du Rhône, sur l'emplacement et avec les débris du temple que les soixante cités gauloises avaient élevé à Rome et à Auguste, la vieille basilique, garde sous ses voûtes austères, les ossements des martyrs lyonnais, et demeure, à travers les siècles, le vivant symbole de la libération des peuples par le christianisme. Flandrin s'est inspiré de ces grands souvenirs, et c'est toute l'histoire de l'Eglise catholique, qu'il a retracée sur ces absides mal éclairées et à qui leurs dimensions resserrées ne permettaient de porter qu'un nombre très-restreint de figures.

Dans celle du centre, le Christ bénit le monde. La sainte Vierge lui montre, agenouillée, sainte Blandine, l'esclave martyre, et sainte Clotilde, la grande reine qui a converti les Gaules. De l'autre côté, saint Michel, debout, l'épée à la main, saint Pothin, revêtu de la robe des martyrs et saint Martin de celle des confesseurs, complètent cette personification des premiers siècles, âge du martyre et de la confession de la foi, serrés autour du Christ et ajoutant leur sang au sien pour fonder l'Eglise.

Les absides latérales sont consacrées à la grande époque des moines. Jamais le génie de l'institut de saint Benoît et sa mission civilisatrice n'avaient été plus éloquemment retracés. D'un côté, deux moines agenouillés aux pieds du saint patriarche reçoivent de lui la règle ; de l'autre, saint Badulphe montre avec un geste sublime la nouvelle abbaye qui s'élève, tandis que le temple païen croule à sa parole.

Ceux qui n'ont pas vu les peintures d'Ainay, peuvent difficilement se faire une idée de leur relief, et de leur force d'expression. L'obscurité des voûtes n'a été qu'un aiguillon pour le talent de Flandrin, qui suivant l'opinion des meilleurs juges, n'a montré nulle part, même dans ses ouvrages les plus vantés, une aussi grande puissance.

Saint-Germain-des-Prés est son œuvre la plus vaste, et il y a travaillé à presque toutes les époques de sa vie. En 1840, il peignit sur les murailles du chœur : *l'Entrée à Jérusalem* et le *Portement de Croix* qui lui valurent les premiers rayons de la gloire ; en 1861, il consumait ses dernières forces en décorant la nef, et c'est là que la mort est venu le briser.

L'*Entrée à Jérusalem* est la fidèle interprétation de ces paroles du texte sacré : « Ne crains pas, fille de Sion, voici que ton roi vient assis sur le petit d'une anesse. » Ses disciples le suivent portant des palmes ; la foule des Juifs le reçoit avec les transports d'un bruyant enthousiasme qui, on le sent bien, se changeront au premier jour en cris de mort ; à peine sur un petit nombre de visages voit-on paraître les sentiments spirituels, qui seuls pouvaient être à ce roi du ciel un hommage digne de lui.

L'autre composition nous le montre, alors que, conduit

au Calvaire à la suite des voleurs il se retourne vers les filles de Jérusalem et leur adresse, avec une ineffable pitié ces terribles paroles : — Ne pleurez pas sur moi, mais pleurez sur vous-mêmes et sur vos fils. » — Sa sainte mère tombe évanouie. Des deux côtés, Flandrin est aussi savant et aussi pathétique. Cependant le public a toujours préféré l'*Entrée à Jérusalem*. Est-ce à dire que le *Portement de Croix* lui soit inférieur? Les maîtres les plus autorisés ne le pensent pas, et M. Ingres notamment le place bien plus haut. Serait-ce que dans *l'Entrée à Jérusalem* quelque chose attire davantage l'attention et incruste mieux dans l'esprit le sens de la composition? Faudrait-il, en dernière analyse, faire honneur à l'ânesse et à l'ânon si naïvement, si gracieusement traités de ces singulières préférences de la popularité?

Au-dessus, Flandrin a peint les vertus théologales et les vertus morales, ainsi que les saints protecteurs de l'abbaye. Ce sont avant tout des œuvres de science dont on ne peut bien apprécier la valeur qu'en les voyant sur place.

Le long des piliers de l'arrière-chœur, les douze apôtres s'enlèvent en blanc sur un fond d'or, rehaussé par une riche ornementation. Il y avait une grande hardiesse à augmenter ainsi par la couleur du vêtement l'uniformité de figures déjà si difficiles par elles-mêmes à individualiser. Flandrin a parfaitement réussi à donner à chaque tête une expression variée, et cette uniformité toute extérieure produit un effet d'ensemble très-remarquable. Il a encore fourni les cartons des vitraux du chœur où l'on distingue surtout le type ascétique, presque terrible de saint Jean-Baptiste. C'est une de ses créations les plus originales.

Dans la nef il a fait preuve d'une fécondité d'imagination d'autant plus admirable, que la longue suite des compositions qui la remplissent, n'est que le développement d'une pensée unique qu'il formulait ainsi (1) : « Jésus-Christ dévoilé pour les chrétiens après avoir été voilé pour les patriarches et les Juifs (l'Evangile complète et couronne l'Ancien Testament) (2). » Sous chaque arcade, deux compositions représentent un mystère de la vie

---

(1) Dans la note explicative qu'il distribua aux premiers visiteurs.

(2) Ce n'est que la paraphrase de ce texte de saint Paul. « Jésus-Christ était hier, il est aujourd'hui, il est pour tous les siècles (Hebr. XIII 8.)

de Notre-Seigneur et la scène de l'Ancien Testament qui en est la figure. Ainsi, les flammes virginales du buisson ardent sont rapprochées de l'Annonciation de la sainte Vierge ; et la confusion des langues à la tour de Babel est opposée à la mission des apôtres, qui devait réunir dans l'unité supérieure d'une même foi, les nations dispersées en punition de leur orgueil.

Au-dessus, à la hauteur des fenêtres, sont rangés les personnages de la Bible qui, prophètes dans le temps des destinées de l'Eglise, en demeurent dans l'éternité accomplie les immuables témoins. A l'entrée du temple, Adam et Eve pleurent leur faute avec une douleur immense comme leur chute, et portent sur leur front ce caractère de grandeur incomparable que devait avoir l'homme sortant à peine des mains du créateur. On le retrouve encore mais s'affaiblissant par degrés dans Abel, dans Enoch, dans Noé et Abraham. Ce sont ensuite, — Joseph, type plein de mélancolie et de pureté ; Job, presque entièrement nu et criant de dessus son fumier : « Je sais que mon Rédempteur vit, et qu'au dernier jour je ressusciterai de la terre. » — Judith, offrant à Dieu l'opprobre de son dévouement ; Elie, vêtu de peaux de chèvres et brandissant un glaive de feu contre les faux prophètes.

Nous n'avons pas la prétention de décrire les dix-huit grandes compositions des arcades, et nous le regrettons d'autant moins que, placées dans une des églises que l'on visite le plus à Paris, elles sont généralement connues. Signalons, au moins d'un mot, celles qui se distinguent dans l'ensemble par des qualités plus brillantes ou des effets plus heureux. Tous ceux qui les connaissent nommeront avec nous au premier rang :

Le Buisson ardent, où Moïse est seul dans le désert, en face de la flamme mystérieuse. Dans l'esquisse on voit une magnifique figure du Père éternel, qui sort du buisson. Flandrin l'a supprimée sur place pour serrer de plus près le récit biblique, qui porte que Moïse ne voyait pas Dieu.

Adam et Eve cachant leur honte dans des buissons épais, et se voilant le visage, tandis que le Créateur leur adresse des reproches pleins des cruelles ironies de la colère divine ; quelqu'impression que fasse cette scène grandiose, on peut encore admirer, comme il le mérite, le magnifique groupe que forment nos premiers parents. C'est une des pages de l'œuvre du maître, où le côté plastique est le plus développé.

N'oublions pas non plus le *Balaam prophétisant* qu'une étoile s'élèvera du milieu d'Israël. Le bras étendu sur l'espace, il montre l'étoile nouvelle, et, emporté par un souffle divin, il bénit les tentes qui s'étendent au loin, le long de collines dénuées, telles que les offre la Judée. Le roi Balac demeure stupéfait et contient sa colère en frémissant.

Le *Passage de la mer rouge*, est encore une des compositions les plus remarquées. Moïse étend sa main vengeresse et aussitôt les eaux retombent engloutissant cavaliers et chariots. Le peuple saint, en sûreté sur l'autre rive fait entendre le cantique du triomphe; au milieu de l'allégresse générale, une jeune femme toute entière aux sentiments maternels, presse sur son sein un petit enfant, et se penche avec tendresse sur un berceau, où dort paisiblement un enfant plus jeune encore.

Devant la *Trahison de Judas*, il est impossible de ne pas se reporter, par la pensée, à l'œuvre d'Ary Scheffer. Quelque grande qu'elle soit nous préférons celle de Flandrin, parce qu'elle est mieux dans cette vérité morale, dont l'art, pas plus que la poésie, ne doit jamais s'écarter, et hors de laquelle les intentions les plus recherchées, les plus savantes n'aboutissent qu'à des contre sens.

De même que :

Le vrai peut quelquefois n'être pas vraisemblable,

ainsi dans les arts plastiques tout ne peut pas être représenté. Il faut choisir avec tact le moment de l'action sous peine de la dénaturer. C'est là ce qu'Ary Scheffer a perdu de vue, quand il nous montre le traître collant ses lèvres impures sur la face adorable du Sauveur, à qui son attitude purement passive fait forcément perdre de sa dignité. L'horreur est poussée à un point où le pathétique finit par disparaître. L'inspiration de Flandrin a été bien plus heureuse. Jésus fixe avec des yeux miséricordieux et sévères à la fois, l'enfant de perdition qui s'avance avec la résolution du crime, et détournant la tête pour ne pas être arrêté par ce regard, la dernière grâce qui lui soit faite. C'est sur Jésus que se concentre l'attention, rien ne vient affaiblir sa majesté surhumaine, et l'on sent bien qu'il n'est victime que de son amour pour les hommes !

A droite, en entrant, deux arcades restent vides ; Flandrin, lassé de lutter contre l'obscurité, avait résolu de peindre ces deux derniers sujets dans son atelier, avant de les transporter sur la muraille. En attendant, il découvrit ses peintures, tantôt plein d'espérance et disant que ce n'était pas là son dernier mot, qu'il y reviendrait; tantôt sentant que sa fin était proche et répétant avec une douce mélancolie : le bon Dieu ne veut pas que j'achève sa maison. Ces tristes pressentiments étaient malheureusement trop bien fondés.

Pour la première fois le public accueillit sa nouvelle œuvre avec froideur. On se lasse si vîte d'admirer et l'on croit si volontiers aux défaillances du talent! Cette impression s'explique cependant. La masse du public est surtout frappée par l'aspect général; or, sous ce rapport, la nef de Saint-Germain-des-Près ne peut rivaliser avec la majestueuse unité de la frise de Saint-Vincent-de-Paul. — Malgré sa grande habileté, Flandrin ne pouvait triompher complètement des difficultés que présentaient des arcades coupées irrégulièrement par des arcs de voûte multipliés et surtout le jour faux et insuffisant qu'envoient des fenêtres mal disposées. Et puis, s'astreignant à un parallélisme rigoureusement théologique il a dû aborder des sujets peu heureux, faire des sacrifices. De tout cela il a pris son parti en grand artiste, et de l'aveu unanime des connaisseurs son talent loin de baisser s'est révélé sous des aspects nouveaux et a grandi avec l'effort de la lutte. Dans la nef de Saint-Germain-des-Près il a marché de pair avec les maîtres de la fresque en abordant des scènes à plusieurs plans et à vastes horizons. Le fond d'or devenait dès lors impossible, mais qui oserait le blâmer d'avoir cherché dans un art plus savant le relief que donne un procédé très-décoratif si l'on veut, mais pour le moins fort primitif? L'emploi hardi du nu, la largeur du style, tout indique dans ces compositions un talent arrivé à sa maturité. Chacune d'elles est un tableau achevé. Amoureux de l'art pour sa propre beauté, Flandrin n'a pas craint de prodiguer des chefs-d'œuvre là même où l'obscurité les ensevelira éternellement. Il a fallu l'exposition de ses cartons pour nous révéler l'expression qu'il a mise dans le *Christ sur la croix*, dans l'*Isaac sur le bûcher*, dans ces prophètes dont on aperçoit seulement de l'église les silhouettes imposantes.

Heureusement son collaborateur M. Poncet nous promet de graver l'œuvre entière de Saint-Germain-des-Près. La gravure est la pierre de touche de la grande et solide peinture. Sous le burin les effets d'ensemble, le chatoiement du coloris, tous les artifices de l'exécution disparaissent, l'œuvre d'art reste seule et il n'y a que les véritables maîtres qui puissent supporter cette épreuve. Nous ne doutons pas qu'ici encore la gravure ne donne raison aux connaisseurs contre la froideur passagère du public.

IV.

Nous avons parcouru à peu près en entier la suite des ouvrages qui ont rempli la carrière de Flandrin et nous avons pu le faire sans jeter un seul regard sur sa vie privée. Il nous a suffi de dire dès le commencement quels sentiments faisaient sa force : jamais ils n'ont cessé de l'inspirer. Rien d'ailleurs de plus simple et de plus limpide que son existence. Nulle part dans ses œuvres, on ne sent le contre-coup des agitations extérieures. Placé sans cesse en face de l'idéal et de la nature, il travaillait pour l'art, il travaillait pour Dieu et ne connaissait comme délassement à ses labeurs que les joies austères de la religion et du foyer domestique. Il s'était marié dès que ses premiers succès lui avaient assuré une modeste aisance, et il trouva dans une union chrétienne ce qu'une âme délicate telle que la sienne avait le droit d'attendre et avait su mériter.

L'Institut l'accueillit en 1854 et ne compta jamais de membre plus zélé. — Là, comme dans les nombreuses commissions administratives dont il fut appelé à faire partie, il apportait à l'accomplissement de ses devoirs sa conscience de chrétien. Quoiqu'il n'ait jamais voulu ouvrir d'atelier, ainsi que nous l'avons dit, il avait cependant quelques élèves qui l'aidaient dans ses travaux. La plus affectueuse sollicitude respire dans les lettres qu'il leur adressait. Non content de leur apprendre son art, il leur donnait encore son âme ; et certes c'était la plus féconde initiation ! Ils le prouvent bien par les succès sérieux qu'ils obtiennent à chaque exposition et surtout par les ouvrages dont ils décorent nos églises. On peut légitimement espérer d'eux une reconstitution de l'école française :

Sa santé, qui avait toujours été chancelante, s'affaiblissait de plus en plus. A peine s'accordait-t-il de loin en loin quelques semaines de repos employées à des excursions ou à des saisons d'eaux. Elles nous ont valu plusieurs lettres où il retrace ses impressions avec un style plein de fraîcheur et avec un sentiment exquis de la nature. Le récit d'un voyage qu'il fit en Belgique et sur les bords du Rhin en octobre 1862 tout particulièrement intéressant, car il nous montre comment il sut apprécier dans leur propre patrie, les chefs-d'œuvre des Van-Eyck et d'Hemling (1).

Mais l'Italie, Rome surtout était le but constant de ses désirs. Ce n'était pas seulement le repos du corps qu'il allait y chercher. Le souvenir de Raphaël le poursuivait; il voulait demander une nouvelle jeunesse au contact des maîtres. « Je sens que j'ai déjà trop attendu, écrivait-il, et que si j'avais pu me donner ce bonheur il y a quelques années, il eut sans doute ajouté quelque force à mes travaux de Saint-Germain-des-Prés. » Et plus loin : « Pour progresser il faut se recueillir et obéir à son cœur; je crois que c'est le seul moyen de toucher celui des autres. La naïveté et la sincérité sont certainement nos plus grandes forces. Il faut que je veille ; un travail trop continuel dans les mêmes données peut, je le sens, amener quelque fois des défaillances. » (2) Touchants scrupules tels que les connaissent seuls les intelligences élevées et les nobles cœurs.

Sa pensée se portait incessamment vers les nouveaux travaux qui l'attendaient. Il avait à couvrir de ses fresques la cathédrale de Strasbourg, ce monument grandiose où le moyen-âge revit tout entier, et il se proposait d'y peindre un jugement dernier dans des proportions encore plus vastes que celui de Michel-Ange. Œuvre colossale, auprès de laquelle tous ses autres travaux n'eussent été que des jeux d'enfants ! « Longtemps avant l'époque où cette décoration devait être entreprise, nous dit Mgr Plantier, il en avait tracé l'esquisse dans son intelligence. Des recherches minutieuses, des études approfondies étaient déjà commencées. Il voulut bien nous indiquer dans quelle direction et jusqu'à quelles limites il avait poussé les fouilles de sa prévoyance ; et ce qui nous frappait par-dessus tout dans ses communications, c'était l'effroi religieux avec lequel il envisageait la tâche qu'il avait acceptée, et la sollicitude pleine d'angoisses avec laquelle il rassemblait les éléments dont il avait besoin dans

---

(1) V. lettre du 19 octobre 1862.
(2) Lettre du 29 juin 1862.

l'avenir. La seule pensée de l'insuffisance volontaire et d'une négligence coupable révoltait non-seulement sa sévérité d'artiste, mais sa religion de chrétien. »

En vain avait-il interrompu ses travaux de Saint-Germain-dès-Prés. Pendant près de deux ans il fut encore retenu à Paris par les nombreuses commandes de portraits auxquelles il dut satisfaire. — Enfin au mois d'octobre 1863, après avoir exposé son fameux portrait de l'Empereur, il pût entreprendre ce voyage qui lui tenait tant au cœur, mais qui ne devait plus nous le rendre.

Il entra en Italie par le chemin de la corniche et arriva à Rome après avoir suivi dans toute sa longueur cette route unique au monde, dont les étapes sont : Gênes, Lucques, Florence, Sienne! Chaque jour il indiquait brièvement sur le papier ce qu'il avait vu et senti, et ce journal, conservé par des mains pieuses, est certainement le meilleur guide du voyageur qui refait après lui ce pèlerinage artistique. — Les souffrances physiques brisaient son corps, mais elles ne pouvaient rien sur son âme : sans cesse il s'éprenait d'un nouvel enthousiasme. Rome sembla un instant devoir renouveler en lui les sources de la vie, tant il jouissait de voir, avec sa femme et ses enfants, ces chefs-d'œuvre qui n'étaient jamais sorti de son admiration. Il y retrouvait tous les enchantements de sa jeunesse sans les tristesses de l'isolement. Seule la population avait changé : les femmes, en quittant leur costume pittoresque, avaient perdu leur beauté ; le culte de Garibaldi qu'il rencontrait à chaque auberge lui gâtait l'Italie : à Rome c'était le triste spectacle de tout un peuple qui pliait en silence sous le despotisme des comités révolutionnaires. (1).

Les douces émotions de son voyage furent, au bout de peu de temps, troublées par le décret du 15 novembre 1863 qui vint brusquement bouleverser l'ancienne organisation de l'école des beaux-arts, briser les liens qui l'unissaient à l'Institut, enfin menacer jusqu'à l'existence de l'académie de France à Rome, en réduisant à quatre ans le temps de la pension et en permettant aux jeunes artistes d'en passer deux à voyager. Ce fut un coup terrible pour Flandrin, dont le talent avait été nourri au milieu de ces institutions et qui les considérait comme la sauvegarde des intérêts de l'art dans notre pays. Il ne resta pas inactif ; non content de refuser la position qu'on lui offrait dans la nouvelle orga-

(1) V. Notamment lettre du 17 février 1864.

nisation, il se mit à rédiger un mémoire en réponse au rapport de M. de Nieuwerkerque. Il ne s'arrêta qu'en apprenant la protestation de M. Ingres, croyant plus respectueux pour son maître de garder dès-lors le silence. Aujourd'hui les fragments de ce mémoire ont été publiés (1) et viennent d'au-delà du tombeau apporter l'autorité de Flandrin dans cette délicate question ; quelques passages montreront de quel point de vue élevé elle y était envisagée. « On veut faire une école, on veut enseigner en repoussant toute tradition, comme si enseignement et tradition n'étaient pas synonymes ! On se préoccupe d'originalité, comme si l'originalité pouvait se donner ! L'originalité ne peut-être enseignée, mais l'école lui fournit les moyens de se produire en donnant un corps et une forme aux tendances de l'esprit................. Vous parlez de liberté, de liberté d'enseignement ! Je vous dis qu'il y a un âge pour apprendre et un âge pour juger, choisir. C'est à cet âge là seulement qu'il peut être question de liberté........ Dans une école de beaux-arts, comme dans toute autre, le gouvernement a le devoir de n'enseigner que des vérités incontestées ou au moins appuyées sur les plus beaux exemples et acceptées par les siècles. De ces nobles traditions, les élèves sortis de l'école feront la vérité de leur temps, soyez en sûrs : vérité de bon aloi, car elle sera le produit d'une liberté véritable, tandis que l'enseignement du pour et du contre dans le même lieu et pour ainsi dire par les mêmes bouches ne peut produire que le doute et le découragement........ »

Malgré ce travail et les sentiments pénibles qu'il éveillait dans son cœur, Flandrin ne s'en nourrissait pas moins de la contemplation des chefs-d'œuvre de la renaissance. Le nom de Raphaël revient à toutes les pages de son journal. On n'a qu'à l'ouvrir au hasard: on y trouvera des réflexions comme celle-ci :

4 Décembre. — L'après-midi je vais au musée du Vatican et aux Loges. La *Transfiguration* est rayonnante de beauté. Quelle force ! O glorieuse chose ! Partout en tout IL est incomparable. On ne peut guère voir après lui que ceux qui l'ont précédé. La nature s'est elle donc épuisée à le produire ? »

Son esprit, actif et empressé à chercher des éléments de comparaison, se portait vers l'antiquité dont

(1) A la suite du volume des *Lettres et Pensées*.

chaque jour quelque nouveau et précieux vestige reparaît à la lumière grâce aux fouilles que le gouvernement Pontifical fait exécuter avec tant d'intelligence(1). Les antiquités chrétiennes, les vieilles basiliques, les catacombes lui faisaient éprouver des émotions plus profondes encore. Ecoutons-le nous dire un de ces pieux pèlerinages :
« Dans un enclos se trouve l'ouverture des catacombes. L'escalier est étroit, glissant ; nous allumons nos bougies, et précédés par le guide nous nous engageons dans les tortueuses galeries qui dès l'entrée sont pleines de tombes superposées. Un sentiment religieux et tendre vous pénètre, lorsque dans chacun de ces lits funèbres vous remarquez la poussière blanche qui n'est autre qu'une poussière humaine à travers laquelle se découvrent çà et là des débris ayant encore quelque chose de leur forme première. L'horreur naturelle que nous avons de la mort est ici tempérée, dominée même par cette idée religieuse que nous nous trouvons en présence de nos ancêtres dans la foi, et que ceux-là ont su souffrir et mourir pour elle. C'est la succession de leurs souffrances qui a apporté jusqu'à nous ce trésor. Aussi est-ce avec un pieux respect que nous reconnaissons les traces de leurs pas, de leurs usages. Dans les peintures et dans les symboles qui ornent les oratoires ou la basilique, tout est doux et consolant ; partout la mort dépouille son horreur habituelle pour prendre le caractère du sacrifice et de l'amour de Dieu : nous sommes sincèrement touchés ; il me semble que sous cette influence on pourrait apprendre à bien vivre (2). »

Quelques jours après il demandait à Pie IX, le doux et grand pontife, de bénir ses travaux de peintre. Ce n'était pas qu'il se fit illusion sur ses restes de vie, mais comme il le disait : « à Rome la mort prend un autre caractère qu'ailleurs, parce qu'à Rome la foi se ranime. Elle nous présente si bien le fait nécessaire à notre fin comme le passage du mortel à l'immortel, que ses approches ne découragent pas du travail de la vie, si ce travail a un but vraiment louable. » (3) Aussi sa main défaillante ne se lassait pas et il peignait encore deux têtes d'anges, qui, quoique

---

(1) Nous ne pouvons tout citer. Qu'on lise au moins le récit d'une course qu'il fit à Ostie au commencement de mars. p. 538.

(2) Lettres et Pensées, p. 516.

(3) Lettres et Pensées p. 496.

à peine ébauchées, marquent le point culminant de son talent. La nature est toujours son guide, mais à quel point transfigurée! Il y a dans ces esquisses quelque chose de Romain, si l'on peut ainsi parler, et que Raphaël ne désavouerait pas. Le grand artiste a en vérité mis toute son âme dans ces anges que l'extase consume et qu'un mouvement sublime emporte vers le ciel.

Une semaine s'était à peine écoulée, et il expirait le 21 mars 1864, enlevé par une maladie rapide à laquelle son corps épuisé n'avait pu résister. Mais quelle mort que la sienne! Quelques heures auparavant, dans la nuit, au milieu des luttes suprêmes, il murmurait de ses lèvres défaillantes: « Je vois le chemin qu'une sainte me montre; je vois le chemin, il est préparé »! Douce assurance de la miséricorde qui devait accueillir, au seuil de l'autre vie, le pieux peintre des saintes et des anges!

V

Maintenant, quelque cher que nous soit l'homme et le chrétien, nous ne devons plus voir dans Flandrin que l'artiste; nous avons à marquer sa place au milieu des maîtres dont il fut le continuateur ou l'émule, et à rechercher, dans sa correspondance et dans ses œuvres, quelles doctrines l'ont guidé.

Nul peintre n'a eu une conception plus haute de l'art. Il lui est apparu comme l'effort tenté par l'homme pour approcher de Dieu par les chemins du beau. Aussi n'est-il point de sentiments qu'il n'ait su exprimer: les douleurs incommensurables et les extases divines, les délicatesses de l'innocence et les joies douloureuses du repentir, les mansuétudes d'un Dieu fait homme et les saintes colères des prophètes. Quant à sa puissance à rendre les idées, il en a donné la mesure en développant sur les murailles de Saint-Germain-des-Prés une des vues les plus larges de la théologie. Ah! pour lui les beautés plastiques n'étaient pas le terme suprême de l'art; il voyait par-delà une beauté supérieure qui déborde la forme et qui, toute entière dans la pensée et dans le sentiment, est le sublime: qu'il nous suffise de rappeler la *Mater dolorosa*, le *saint François d'Assise* et surtout le *Job*.

Mais précisément parce que Flandrin s'est élevé si haut il importe de connaître quelle voie il a suivie, d'autant plus que par une réaction, provoquée par les débordements du matérialisme, toute une école a affiché la prétention d'atteindre l'idéal de prime-saut et a mis en avant des doctrines qui méconnaissent absolument les conditions des arts plastisques. Doctrines dangereuses, sur la valeur desquelles les succès de puissantes individualités peut faire momentanément illusion, mais qui compromettent sérieusement l'avenir de l'art chrétien.

La meilleure manière de les réfuter, c'est de placer en regard les œuvres de Flandrin et de le laisser lui-même exposer sa pensée. Nous la saisirons pleinement et avec toute sa spontanéité dans les jugements qu'il a formulés à diverses époques sur les maîtres en renom. Ils méritent d'autant plus de confiance qu'ils n'étaient destinés qu'à ses frères ou à ses amis les plus intimes.

Voyons d'abord ses réflexions à l'exposition d'Ary Scheffer en 1839, l'une des plus importantes du maître, puisqu'elle comprenait : *Le Christ sur la Montagne des Oliviers, Mignon regrettant la patrie, Mignon aspirant au Ciel, Faust apercevant Marguerite pour la première fois, le roi de Thulé :* « Au fond de la grande galerie, M. Scheffer a exposé cinq tableaux qui se touchent et se font les uns aux autres une espèce de fonds, de localité, ce qui n'est pas maladroit. Je trouve tout ça plein d'un sentiment délicat, mais aussi un peu également pleureur. Les qualités de peinture manquent de force ; c'est simple, mais un peu plat et poli (1). » On n'a qu'à se reporter aux paroles qu'Ary Scheffer laissa échapper devant le *Jésus et les petits enfants* pour voir combien le jugement de Flandrin était fondé.

L'opinion qu'il exprimait sur Owerbeck, en 1833, est encore plus intéressante. — « Il y a quelques jours, nous revenions de chez Owerbeck qui avait bien voulu nous montrer ses ouvrages. Ils nous avaient charmés par l'esprit religieux qui y règne ; nous avions surtout remarqué une immense composition représentant la renaissance des arts et des sciences sous l'influence de la religion. Je trouve cela beau et bien pensé, mais pour le rendre, Owerbeck emploie des moyens qui ne sont pas à lui. Il se sert tout-à-fait de l'enveloppe des vieux maîtres ; il observe la nature, mais, de son aveu, il ne l'a jamais devant les yeux lorsqu'il travaille. *D'ailleurs il ne tient pas à faire de*

(1) Lettres du 11 mars 1839.

la peinture, il ne tient qu'à rendre ses idées, à les écrire. Je crois qu'il a tort ; car s'il veut se servir de la peinture pour écrire ses idées, plus le moyen sera vrai et correct, mieux elles seront rendues (1). »

L'absence de parti pris, voilà le trait saillant du talent de Flandrin. Il acceptait franchement le côté plastique de son art, et s'il a été de nos jours le peintre religieux par excellence, c'est parce que d'abord il était véritablement artiste. La grande leçon qui ressort de sa vie et de ses ouvrages, c'est qu'entre le sentiment religieux et les légitimes exigences de l'art il règne le même accord qu'entre la science et la foi, en d'autres termes, que tout ce qui vient de Dieu et tend à le glorifier, s'harmonise dans l'admirable unité du plan de la création.

Elève de M. Ingres, Flandrin comprit de bonne heure que la reproduction large et sincère de la nature était le premier aliment et la base fondamentale des arts plastiques. L'illustre maître disait énergiquement à ses élèves : « Quand vous manquez au respect que vous devez à la nature, quand vous prétendez la corriger, vous donnez un coup de pied dans le ventre de votre mère. » Et après lui, Flandrin exprimait la même pensée, quand tout jeune encore il jugeait ainsi les tableaux de Gros : « Beaucoup de clinquant et de brillant qui saute à l'œil, voilà tout. J'y trouve une grande adresse de main, mais ce n'est pas celle qui convient, puisqu'elle ne rend pas la nature qui est beaucoup plus tranquille. Ils nous diront que nous tombons dans la froideur : au contraire, je vois la nature beaucoup plus chaude, beaucoup plus forte, plus vigoureuse qu'ils ne la rendent, mais aussi beaucoup plus sage (2). »

Avec de tels principes, Flandrin n'abordait jamais une composition avant de s'être livré à des études patientes et multipliées. — Comme Raphaël, il dessinait d'abord complétement nus et avec un luxe prodigieux de science anatomique, les personnages qu'il devait plus tard représenter entièrement drapés. Sans cesse, par respect pour la vérité, il sacrifiait ses plus brillantes conceptions. » S'il eut mis à exécution ses premières impressions, il aurait étonné, dit M. Poncet, à propos du *Jugement dernier* qu'il méditait ; mais son principe de s'appuyer toujours sur la nature lui faisait souvent abandonner les plus beaux mouvements de son

---

(1) Lettre du 25 mai 1830.

(2) Lettre du 1ᵉʳ novembre 1833.

imagination pour s'en tenir à ceux de la nature. » Un tel exemple condamne bien fortement la vanité de ceux qui croient trouver dans leur propre fonds des formes supérieures à celles qu'offre la réalité. Arrière donc ces beautés de convention qui prétendent être plus belles que les œuvres de Dieu, Vierges de Mignard et Sabines de David ! Elles ont pu, en leur temps, exciter des engouements, mais le grand art les renie. Une inspiration personnelle, qui ne repose sur rien de réel, nous vaut à chaque exposition une foule banale de têtes d'études. Flandrin cédant à je ne sais quelles sollicitations, a eu le malheur d'en peindre trois ; et elles sont là, au milieu de son œuvre comme pour servir de confirmation à ses doctrines, en offrant le triste spectacle d'un mâle talent aux prises avec un genre faux et qui succombe sous le vice du sujet !

Mais le culte que Flandrin professait pour l'observation directe de la nature ne doit donner lieu à aucune méprise. Ses doctrines n'ont rien de commun avec les théories réalistes. Dans l'homme, il ne voyait pas seulement le superbe animal, son regard pénétrait plus avant, il voyait l'homme tout entier, et c'est celui-là qu'il reproduisait. — « Applique-toi, écrivait-il à son frère, à dégager le sens poétique des choses, à découvrir le côté le plus beau et le plus vrai de toute vérité, puisque c'est celui qui se rattache aux choses éternelles, ce sens moral enfin, qui unit l'homme à Dieu (1). »

Les réalistes arrivent à perdre même la notion du beau plastique, parce qu'ils se refusent à comprendre qu'il y a un beau supérieur, indépendant de la forme, un beau moral dont les beautés plastiques ne peuvent être que des reflets. Si les maîtres illustres, dont ils invoquent l'exemple, quoique bien à tort parfois, ont su conquérir une aussi large place dans l'admiration de la postérité, c'est qu'ils ont eu le don, rare entre tous, de mettre dans leurs œuvres, cette vie des choses qui est déjà une perfection parce qu'elle participe de l'être. D'ailleurs, suivant la profonde parole de Bossuet, l'homme est le plus grand plaisir de l'homme, et cette secrète complaisance est bien souvent le secret de nos admirations. Nous ne résistons pas à la fascination des puissants efforts de l'art humain manié par un Rubens ou par un Delacroix.

Les réalistes ferment encore les yeux à cette vérité du sens

(1) Lettres du 3 septembre 1851.

commun à savoir : que les formes que présente la nature sont de valeur inégale. Le véritable artiste, éclairé par la notion préexistante du beau, reconnaît et démêle celles qui sont supérieures. C'est dans ce choix que consiste le style : « *Le style qui*, selon Flandrin, *est l'homme*, aussi bien en ce qui concerne les arts qu'en matière de littérature ; car, ajoute-t-il, il est certain qu'en dessinant, je donne bien moins la mesure de ma vue que je n'accuse la portée de mon intelligence ou les facultés de mon cœur. Le style est donc l'homme, et l'œil n'est que le marteau qui va éveiller la pensée ou le sentiment ; le dessin est donc l'art, l'art tout entier ; et dans l'enseignement des beaux arts, tout doit converger vers ce centre qui est à la fois le but et le moyen (1). »

Malgré sa préoccupation constante du style, Flandrin n'a pas négligé le pittoresque. Je n'en voudrais pour preuve que certaine femme du *Jésus bénissant les petits enfants* et la mère qui dans le *Passage de la mer Rouge* presse son fils contre son cœur. Le pittoresque, qu'on pourrait définir la mise en saillie de ce qui dans chaque chose est le trait distinctif, s'alimente surtout par les contrastes. C'est l'idéal des réalistes délicats ; et effectivement, il est dans les arts la source de puissants effets, à peu près comme l'épisode dans les œuvres épiques. Aussi est-ce toute une science pour certains artistes. Nul ne l'a poussé aussi loin qu'Horace Vernet, et, il faut le reconnaître, il a été de beaucoup le peintre le plus populaire du temps. Malgré cette popularité, nous croyons que le *Mazeppa* et la *Prise de la Smala* auront beaucoup à souffrir du laps des années. Il ne peut pas en être autrement : le pittoresque localise, individualise ; il n'est pas le grand et large côté de l'art, celui qui ramène tout au centre.

Nous avons dit avec Flandrin les sources où doit puiser l'artiste. Ces sources sont intarissables, toujours les mêmes pour toutes les générations, puisqu'elles ne sont autres que la raison et la nature. Il y a néanmoins une tradition du beau, dont il disait qu'elle est nécessaire à l'artiste pour lui donner la force de fuir la recherche des mille délicatesses et des fades grâces qui donnent le succès, mais qui ne le retiennent pas. Cette tradition, elle est représentée par les grands maîtres qui ont fait resplendir le beau dans leurs œuvres et ont été les légitimes interprètes de la nature.

1. Lettres et pensées p. 587.

Petit en est le nombre! On les aperçoit se donnant la main à travers les siècles! — Phidias et quelque artiste ignoré des Catacombes ou du Mont-Athos,—puis Léonard et Raphaël, — chez nous, au xvii° siècle, Le Poussin et Lesueur, au xix° siècle, M. Ingres, génies de force inégale, mais de même famille et chez lesquels l'art grandit de tout ce que semble perdre la personnalité de chacun.

C'est d'eux que Flandrin procède et non du moyen-âge; de ce dernier, il n'a que la foi et la jeunesse de l'inspiration. Aussi fuyait-il par-dessus tout le mysticisme cherché et les pastiches archaïques que trop souvent on nous donne pour de la peinture religieuse. Il a réagi d'autant plus sûrement contre les réminiscences païennes dont l'école de David et même auparavant celle de Mignard, avaient rempli nos églises, qu'il n'y a en lui nulle trace des excès où sont tombés certains maîtres allemands contemporains. L'un d'eux, du reste, et leur chef à tous, M. Cornélius, a reconnu la valeur de la ligne suivie par lui, en disant à l'occasion des peintures de Saint-Vincent-de-Paul *que c'était là la vraie, la véritable renaissance qui réunit à la beauté sévère de la forme l'esprit religieux du Christianisme.* (1)

Les principes d'esthétique que nous venons d'exposer n'ont pas seulement guidé Flandrin dans ses compositions religieuses, elles ont encore fait sa force dans le portrait. Il a été en effet grand portraitiste, comme Léonard et Holbein, Raphaël et Rubens, Ingres et Van-dyck, comme tous les grands maîtres, en un mot. Ceci paraîtra paradoxal, mais il n'en est pas moins vrai que le peintre d'histoire sérieux se reconnaît au portrait. Pour peu qu'on veuille y réfléchir, on en trouvera la raison, et Flandrin lui-même nous la donne quand il écrit à son frère Auguste ; « Les portraits que tu feras, fais les toujours comme des études. »

Dans le grand nombre de portraits qu'on a exposés, quelques uns, celui de M. de Rothschild par exemple, quoique d'un modelé supérieur et d'une vie frappante, sont cependant au-dessous de la réputation de Flandrin. Je ne lui ferai pas le reproche banal de les avoir jetés dans un moule à peu près uniforme ; il est bien permis à un maître de rester fidèle à sa manière ; on voit seulement que Flandrin inégalement inspiré par ses modèles, n'a pas toujours déployé toutes les ressources de son talent.

(1) Cité par M. Beulé, éloge d'H. Flandrin.

Heureusement pour sa gloire, il a laissé d'autres œuvres.

Ce sont d'abord quelques ravissants portraits de femmes, où, comme l'a dit M. Beulé aux applaudissements enthousiastes du public d'élite qui ce jour-là se pressait sous la coupole de l'Institut; « — il cherchait surtout l'expression de la réserve, de la sérénité pensive, de la grâce qui s'ignore. Avant de les faire belles, il voulait les faire pudiques. Au lieu de les offrir en appât au public des expositions, il respectait cette fleur de chasteté que le Christianisme et la chevalerie ont répandue sur elles. On sentait qu'il avait peint les jeunes filles pour leurs mères, les mères pour leurs fils, et tous les fils l'en ont récompensé en le surnommant le peintre des honnêtes femmes. »

Arrêtons-nous un instant devant quelques-uns de ces portraits.

M⁰ Oudiné — simplicité de la pose et noblesse du style, chasteté dans l'expression et puissance du modelé, tout est réuni dans cette toile qui fut le plus délicat hommage que puisse inspirer l'amitié.

Le portrait de Mᵐᵉ Vinet est aussi puissant d'exécution mais tout différent de caractère. C'est la mère de famille dans le doux rayonnement de sa dignité et avec ce charme de bonté que l'empreinte des années ne fait que rendre plus touchant.

— Le portrait de Mˡˡᵉ Maison, cette œuvre si populaire, qui n'est plus connue que sous le nom de la *jeune fille à l'œillet*, semble être la traduction de ce beau vers :

Et la grâce plus belle encore que la beauté.

Dans celui de Mˡˡᵉ Paule Baltard à l'âge de cinq ans, l'exposition nous a révélé la perle de l'œuvre de Flandrin. La parole ne peut rendre tout ce qu'il y a dans cette tête de vie, de charme d'expression, de puissance de coloris et d'exécution. C'est digne d'Holbein et peut-être plus vrai encore, car sous le pinceau de Flandrin, l'enfance n'a rien perdu de sa grâce.

Un portrait de lui-même, peint à l'époque de son retour de Rome, est de la même force. Toujours dans la même manière les portraits de M. Thomas, des frères Dassy groupés ensemble d'une façon charmante, celui du comte Walewski, enfin celui du prince Napoléon, si célèbre à tant de titres, sont des œuvres de la plus haute valeur.

Quant au portrait de l'empereur, il est unique en son genre et tranche au milieu de tous les ouvrages de Flandrin. D'ordinaire il vise uniquement à reproduire son modèle tel qu'il lui apparaît avec son expression morale comme sous son aspect extérieur ; il ne tente nullement de le transfigurer d'après une idée préconçue ; égal à son modèle, il ne cherche pas à lui être supérieur ; de là, la force tranquille de ses portraits. Placé en face de Napoléon III, il a senti qu'il peignait pour l'histoire. Longtemps il pensa avant de saisir le pinceau et lui-même a raconté comment il utilisait son séjour à Compiègne pour préparer son œuvre. De cette longue étude, de cette lutte, si l'on peut ainsi parler, est sortie cette toile où nous voyons l'Empereur en costume militaire, entouré de drapeaux déchirés, debout, légèrement penché en avant et plongeant dans l'espace ses regards ardents comme pour s'emparer des destinées du monde.

Autour de ce portrait, comme il arrive de toutes les œuvres capitales, l'opinion s'est divisée. Tandis que le public l'acclamait, bien des critiques résistaient, et ils s'obstinent encore à le placer au-dessous de celui du prince Napoléon. Au lieu de ces débats stériles, tentons d'assigner sa place à chacun de ces chefs-d'œuvres.

Le portrait du prince Napoléon est la vivante reproduction de la réalité, le véritable portrait tel que l'entendaient Raphaël et Holbein. Le portrait de l'Empereur, au contraire, est une page d'histoire. Le héros pose devant la postérité ! C'est ainsi que Philippe de Champaigne et Rigault ont représenté les hommes du grand siècle, Richelieu et Bossuet, les incarnant dans leurs œuvres de telle façon que désormais l'esprit ne peut plus se les imaginer sous d'autres traits ni dans une autre attitude ; ils ont dit sur eux le dernier mot de l'histoire. Est-ce à dire que la manière de Raphaël soit inférieure ? — disons plutôt que ce sont deux genres distincts, et saluons le peintre, dont le talent a été assez souple pour réunir dans son œuvre deux arts qui semblaient s'exclure.

Nous avons montré la supériorité de Flandrin, et cependant il n'est pas l'égal de ces maîtres auprès desquels la pureté de son talent le placerait si bien. Que lui a-t-il donc manqué ? Ce n'est ni la noblesse du style, ni l'onction pénétrante, ni même les élans sublimes ; mais ces choses ne suffisent pas pour forcer éternellement toutes les admirations et ne plus permettre aux contestations des hommes de s'élever. Pour cela, il faut une force, une vigueur qui est le sceau profondément original du génie et qu'on ne retrouve pas dans les œuvres de Flandrin à un degré assez éminent pour le proclamer le frère des Raphaël et des Lesueur.

La critique n'a point d'autre prise sur lui. Quant aux reproches fait à son coloris, nous les repoussons hautement. Dans plusieurs tableaux il a montré qu'il possédait tous les secrets de la couleur. Si dans ses grandes peintures murales il s'est presque constamment renfermé dans des teintes sobres, c'est que les conditions du sujet l'exigeaient impérieusement. Qu'on se figure l'effet que produirait la frise de Saint-Vincent-de-Paul peinte toute entière en tons éclatants! Ce ne serait qu'un bariolage disparate. Le trait, la silhouette, voilà ce qui doit ressortir dans la fresque, surtout à une pareille hauteur.

Du reste, même indépendamment de ces conditions spéciales, les idées que se fait le public sur le coloris de tel ou tel maître reposent la plupart du temps sur des erreurs de jugement grossières. Ainsi les gens qui regrettent que les figures de M. Ingres n'aient pu être coloriées par Delacroix, rêvent une alliance chimérique. Les lignes sévères du premier disparaîtraient sous la touche fougeuse du second, et à Delacroix il faut une latitude, des écarts même de dessin qu'un maître sévère ne se permettrait jamais. Le dessin est en effet la mesure du coloris. Il fixe la pensée et le coloris n'est qu'un mode d'expression qui doit toujours être subordonné au relief de la pensée elle-même. En sorte qu'il est vrai de dire que chaque maître a le coloris de son dessin.

Flandrin a heureusement indiqué ce rapport : il n'a du reste fait que reproduire en d'autres termes la pensée de Léonard et du Poussin :—« Toutes les vérités, dit-il, ont une grande valeur, mais il y en a de plus élevées les unes que les autres, de plus utiles à l'humanité. Telles sont les lois qui régissent l'ordre moral, comparées aux vérités de la science, qui ne sont que les vérités de l'ordre physique. Dans l'art, tout ce qui appartient aux premières s'exprime par la forme, la couleur à mon avis représente un côté plus matériel. Elle traduit les conditions physiques de la vie des corps ; aussi est-elle le plus souvent appréciée par la foule qui juge avec les sens, tandis que le dessin intéresse surtout les cœurs et les intelligences d'élite (1). »

(1) Pensées, p. 187.

Relevons ces dernières paroles. C'est aux cœurs et aux intelligences d'élite que s'adresse Flandrin. Peintre de haute race, il habitait des sommets qui ne sont peut-être pas accessibles à tous, mais sur lesquels les artistes devraient toujours se tenir pour être fidèles à leur mission sociale. Si quelque chose pouvait ajouter à nos regrets ce serait l'état actuel de l'art. Qu'est devenue la glorieuse pléiade, qui, sortie du mouvement intellectuel auquel la Restauration a attaché son nom, présageait vers 1830 de si brillantes destinées à l'art français? Sans doute Délacroix, Scheffer, Delaroche ont produit des œuvres qui resteront; mais ils sont tombés l'un après l'autre et nul ne se lève pour recueillir leur héritage. L'art s'abaisse vers la foule, s'écriait M. Beulé sur la tombe de Flandrin!... Pour peu qu'on suive les expositions on est frappé de la vérité de ces paroles. Non-seulement les genres élevés sont abandonnés, mais encore nulle forte invidualité ne s'accuse. Les médailles vont chercher au hasard des talents douteux, qui dès l'année suivante se remettent d'eux-mêmes à leur place. Au lieu de larges et solides qualités, les meilleurs—et c'est le plus grand éloge qu'on en puisse faire — peignent avec esprit — avec l'esprit qui sert à tout et ne suffit à rien, surtout dans les arts.

En face de ces œuvres débiles, Flandrin a élevé des monuments. Ses quelques tableaux et ses portraits suffiraient pour le ranger parmi les gloires de notre école. Il a encore eu le privilège de la fécondité et le rare bonheur d'être appelé à retracer des épopées telles que celles de St-Vincent-de-Paul et de St-Germain-des-Prés ; et loin de défaillir il s'est trouvé aussi puissant dans l'exécution que hardi dans ses conceptions. L'art s'épanouit bien mieux dans les libres espaces des monuments publics, que dans l'atmosphère resserrée d'un musée. Là seulement, il est populaire, dans le vrai et bon sens du mot. Les Grecs demandaient à leurs artistes de retracer les actions des héros sous les portiques, où se débattait la chose publique. Le Christianisme réclame le tribut de leur talent pour un but plus noble encore. Il leur demande d'instruire les simples, d'élever l'âme de tous à la contemplation des choses d'en haut, de célébrer enfin dans leur langage les merveilles de Dieu. La gloire de Flandrin sera d'avoir été à la hauteur d'une aussi grande mission, et l'éloquent évêque de Nîmes a dès le lendemain de sa mort fixé le jugement de la postérité sur lui dans ces belles paroles :

« On dira qu'il appartint à cette noble race de peintres qui partant de Cimabuë et de Giotto vient aboutir à Lesueur, l'immortel auteur *de la vie de Saint-Bruno* ; et son œuvre digne des plus beaux poëmes de Léonard de Vinci, de Michel-Ange et de Raphaël restera sur les murs de nos temples non-seulement comme un témoignage éclatant de son génie, mais comme une démonstration sublime et populaire de cette foi, qui fut l'âme, le ressort et la passion de sa vie trop tôt moissonnée. »

Claudio JANNET.

FIN.

www.ingramcontent.com/pod-product-compliance
Lightning Source LLC
Chambersburg PA
CBHW030057230526
45471CB00003B/1126